MW00931239

# Papá, quiero oír tu historia

## El diario guiado de un padre para compartir su vida y su amor

Jeffrey Mason

Hear Your Story Books

# Sobre este libro

En el mundo actual, el tiempo con la familia queda a menudo relegado a un segundo plano por las prisas y las responsabilidades cotidianas. A pesar de que hacemos todo lo posible, a menudo nos encontramos con que tenemos poco tiempo para dedicar a las personas que forman parte de nuestra vida.

El propósito de *Papá, yo quiero escuchar tu historia* es inspirar conversaciones que nos reconecten con nuestras familias, nuestros pasados y, en última instancia, con nosotros mismos. Compartir con los demás ayuda a construir la comprensión, la empatía y la conexión.

Cuando nuestros hijos conocen nuestro pasado -de dónde venimos-, nuestras esperanzas y necesidades, nuestros sentimientos y miedos, pueden vernos más allá de lo que somos el uno para el otro, de la dinámica padre-hijo, y pueden tener una imagen más compleja y significativa de nosotros como individuos.

La búsqueda activa de una comprensión más profunda de la familia es lo que descubre el tesoro que hay en esas raíces compartidas: las coloridas historias, personas y lugares que conforman el tejido de tu familia aquí y ahora.

Mi esperanza es que este libro sirva como botón de pausa en las prisas y responsabilidades, permitiendo a los padres hablar abiertamente con sus hijos, ser vulnerables y aprender unos de otros.

"No hay palabra ni pincel
que llegue a manifestar
amor de padre."
- Mateo Alemán

ESTE LIBRO
PERTENECE A:

_____

# ¡ES TU CUMPLEAÑOS!

¿Cuál es tu fecha de nacimiento?

_____

¿Cuál era tu nombre completo al nacer?

_____

¿Te pusieron el nombre de un pariente o de alguien importante?

_____

_____

_____

¿En qué ciudad naciste?

_____

¿Cuál era tu longitud y peso al nacer?

_____

¿Naciste en un hospital? Si no es así, ¿dónde?

_____

_____

¿Cuáles fueron tus primeras palabras?

_____

_____

_____

# ¡ES TU CUMPLEAÑOS!

¿Qué edad tenías cuando empezaste a caminar?

_____

¿Qué edad tenían tus padres cuando naciste?

_____

_____

¿Cómo te describían tus padres cuando eras un bebé?

_____

_____

_____

_____

_____

_____

_____

_____

_____

_____

_____

# ¡ES TU CUMPLEAÑOS!

¿Qué historias te han contado sobre el día en que naciste?

_____

_____

_____

_____

_____

_____

_____

_____

_____

_____

_____

_____

_____

_____

# ¡ES TU CUMPLEAÑOS!

¿Cuál es tu recuerdo favorito de la infancia?

_____

_____

_____

_____

_____

_____

_____

_____

_____

_____

_____

_____

_____

_____

# LO QUE PASÓ
# EL AÑO EN QUE NACISTE

Busca en Google lo siguiente sobre el año en que naciste: ¿Cuáles son algunos de los acontecimientos notables que se produjeron?

_____

_____

_____

_____

_____

¿Qué película ganó el Oscar a la mejor película? ¿Quién ganó el premio al mejor actor y a la mejor actriz?

_____

_____

_____

_____

¿Cuáles fueron algunas de las películas más populares que se estrenaron ese año?

_____

_____

_____

# LO QUE PASÓ
# EL AÑO EN QUE NACISTE

¿Qué canción estaba en la cima de las listas de Billboard?

_____

_____

¿Quién era el líder del país (presidente, primer ministro, etc.)?

_____

_____

¿Cuáles eran algunos programas de televisión populares?

_____

_____

_____

¿Cuáles son los precios de los siguientes artículos?
- Una barra de pan:
- Un galón de leche:
- Una taza de café:
- Una docena de huevos:
- El coste medio de una vivienda nueva:
- Un sello de primera clase:
- Un coche nuevo:
- Un galón de gasolina:
- Una entrada de cine:

# CRECIENDO

¿Cómo te describirías a ti mismo cuando eras un niño?

_____

_____

_____

_____

¿Tenías un apodo cuando crecías? En caso afirmativo, ¿cómo lo conseguiste?

_____

¿Quiénes eran tus mejores amigos en la época de la escuela primaria? ¿Sigues en contacto con ellos?

_____

_____

_____

_____

¿Cuáles eran tus tareas habituales? ¿Recibías una mesada? ¿Cuánto era y en qué lo gastabas?

_____

_____

_____

# CRECIENDO

Describe cómo era tu habitación cuando crecías. ¿Estaba desordenada o limpia? ¿Tenías cuadros o carteles en las paredes? ¿Cuáles eran los colores principales?

_____

_____

_____

_____

_____

_____

_____

_____

¿Qué es lo que echas de menos de tu infancia?

_____

_____

_____

_____

# TRIVIA DE PAPÁ

¿Cuál es tu sabor de helado favorito?

_____

¿Cómo te gusta el café?

_____

_____

Si pudieras vivir en cualquier parte del mundo durante un año con todos los gastos pagados, ¿dónde elegirías?

_____

_____

_____

¿Cómo te gustan los huevos cocinados?

_____

Preferencia: ¿cocinar o limpiar?

_____

¿Cuál es tu número de calzado?

_____

¿Qué superpoder elegirías para ti?

_____

_____

# TRIVIA DE PAPÁ

¿Tienes alguna alergia?

_____

_____

_____

¿Cuál es tu mayor temor?

_____

_____

¿Qué pedirías como última comida?

_____

_____

_____

_____

¿Te ha roto alguna vez un hueso? ¿Cuál(es) y cómo?

_____

_____

¿Cuál es tu sándwich favorito?

_____

# LA ADOLESCENCIA

¿Cómo te describirías a ti mismo cuando eras adolescente?

_____

_____

_____

_____

_____

¿Cómo te vestías y peinabas durante tu adolescencia?

_____

_____

_____

_____

_____

¿Salías con un grupo o sólo con unos pocos amigos íntimos?
¿Sigues teniendo relación con alguno de ellos?

_____

_____

_____

_____

_____

# LA ADOLESCENCIA

Describe una típica noche de viernes o sábado durante tus años de instituto.

_____

_____

_____

_____

¿Tenías una hora para volver a casa?

_____

¿Saliste con alguien durante tus años de instituto?

_____

_____

¿Fuiste a algún baile de la escuela? ¿Cómo eran?

_____

_____

_____

¿Quién te enseñó a conducir y en qué tipo de coche?

_____

_____

# LA ADOLESCENCIA

¿Qué edad tenías cuando compraste tu primer coche? ¿Qué tipo de coche era (año, marca y modelo)?

_____

_____

¿En qué actividades escolares o deportes has participado?

_____

_____

_____

_____

_____

¿Qué te gustaba y qué no te gustaba del colegio?

_____

_____

_____

_____

_____

_____

# LA ADOLESCENCIA

¿Cómo eran tus notas?

_____

_____

¿Tenías una asignatura favorita y otra menos favorita?

_____

_____

_____

¿Cuáles son sus canciones favoritas de los años de colegio?

_____

_____

_____

_____

_____

_____

_____

_____

# LA ADOLESCENCIA

Sabiendo todo lo que sabes ahora, ¿qué consejo le darías a tu yo adolescente? ¿Qué habrías hecho diferente en la escuela si supieras entonces lo que sabes ahora?

_____

_____

_____

_____

_____

_____

_____

_____

_____

_____

_____

_____

_____

_____

# LA ADOLESCENCIA

Escribe sobre un profesor, entrenador u otro mentor que haya tenido un impacto significativo en ti durante tu crecimiento.

_____

_____

_____

_____

_____

_____

_____

_____

_____

_____

_____

_____

_____

_____

# COMIENZOS

¿Qué hiciste después del colegio? ¿Conseguiste un trabajo, hiciste el servicio militar, fuiste a la universidad o a un instituto? ¿O algo más?

_____

_____

_____

_____

¿Por qué has tomado esta decisión?

_____

_____

_____

_____

_____

_____

Si fuiste a la universidad o al instituto, ¿cuál fue tu especialidad/el enfoque de tu educación?

_____

_____

_____

# COMIENZOS

¿Cómo influyó esta época en lo que tú eres hoy?

_____

_____

_____

_____

_____

Si pudieras volver atrás, ¿qué cambiarías, si es que hay algo, de este periodo de tu vida? ¿Por qué?

_____

_____

_____

_____

_____

_____

_____

_____

_____

# TRABAJO Y CARRERA

Cuando eras niño, ¿qué querías ser de mayor?

_____

_____

¿Cuál fue tu primer trabajo? ¿Qué edad tenías? ¿Cuánto te pagaron?

_____

_____

¿Cuántos trabajos has tenido a lo largo de tu vida? Enumera algunos de tus favoritos.

_____

_____

_____

_____

_____

¿Cuál es el trabajo menos favorito que hayas tenido?

_____

_____

_____

_____

# TRABAJO Y CARRERA

¿Hay algún trabajo o profesión que tus padres querían que ejercieras? ¿Cuál era?

_____

_____

_____

Cuando la gente te pregunta qué profesión tienes o tuviste, tu respuesta es...

_____

_____

_____

_____

¿Cómo entraste en esta carrera?

_____

_____

_____

_____

_____

_____

_____

# TRABAJO Y CARRERA

¿Cuáles eran/son las mejores partes de esta profesión?

_____

_____

_____

_____

_____

_____

_____

¿Qué aspectos te han gustado o te disgustan?

_____

_____

_____

_____

_____

_____

_____

# TRABAJO Y CARRERA

¿Quién ha sido el mejor jefe que has tenido? ¿Por qué era tan buen jefe?

_____

_____

_____

_____

_____

_____

¿Cuáles son algunos de tus logros laborales y profesionales de los que te sientes más orgulloso?

_____

_____

_____

_____

_____

_____

_____

# TRIVIA DE PAPÁ

¿Te han dicho alguna vez que te pareces a alguien famoso? En caso afirmativo, ¿a quién?

_____

_____

_____

¿Cuál es tu rutina matutina?

_____

_____

_____

_____

¿Cuál es tu placer culpable favorito?

_____

_____

_____

¿Qué familia televisiva te recuerda más a la tuya?

_____

_____

_____

# TRIVIA DE PAPÁ

¿Tenías aparatos de ortodoncia? Si es así, ¿qué edad tenías cuando te los pusieron?

_____

¿Te gustan las montañas rusas?

_____

_____

¿Qué nombre elegirías si tuvieras que cambiar tu nombre de pila?

_____

¿Alguna vez faltaste a la escuela?

_____

En caso afirmativo, ¿te saliste con la tuya y qué hiciste durante el tiempo que deberías haber estado en clase?

_____

_____

_____

_____

_____

# PADRES Y ABUELOS

¿Dónde nació tu madre y dónde creció?

_____

_____

_____

¿Qué tres palabras utilizarías para describirla?

_____

_____

_____

¿En qué te pareces más a tu madre?

_____

_____

_____

_____

_____

_____

_____

# PADRES Y ABUELOS

¿Dónde nació tu padre y dónde creció?

_____

_____

_____

¿Qué tres palabras utilizarías para describirlo?

_____

_____

_____

¿En qué te pareces más a tu padre?

_____

_____

_____

_____

_____

_____

_____

# PADRES Y ABUELOS

¿Cuál es el recuerdo favorito de su madre?

_____

_____

_____

_____

_____

_____

_____

_____

_____

_____

_____

_____

_____

# PARENTS & GRANDPARENTS

¿Cuál es el recuerdo favorito de su madre?

_____

_____

_____

_____

_____

_____

_____

_____

_____

_____

_____

_____

_____

_____

_____

# PADRES Y ABUELOS

¿Cuál era el nombre de soltera de tu madre?

_____

¿Sabes de qué parte o partes del mundo es originaria tu familia materna?

_____

_____

_____

¿Sabes el apellido de soltera de la madre de tu padre?

_____

_____

¿Sabe de qué parte o partes del mundo es originaria la familia de tu padre?

_____

_____

_____

¿Cómo se conocieron tus padres?

_____

_____

_____

# PADRES Y ABUELOS

¿Cómo describirías su relación?

_____

_____

_____

_____

_____

¿A qué se dedicaban tus padres?

_____

_____

_____

¿Tenía alguno de ellos algún talento o habilidad única?

_____

_____

_____

¿Alguno de ellos sirvió en el ejército?

_____

_____

_____

# PADRES Y ABUELOS

¿Cuál es la tradición familiar favorita que te han transmitido tus padres o abuelos?

_____

_____

_____

¿Cuáles son las cosas que más te gustan que tu madre o tu padre cocinen para la familia?

_____

_____

_____

¿Cómo eran tus abuelos por parte de tu madre?

_____

_____

_____

_____

_____

_____

# PADRES Y ABUELOS

¿Sabes dónde nacieron y crecieron los padres de tu madre?

_____

_____

_____

_____

¿Cómo eran tus abuelos por parte de tu padre?

_____

_____

_____

_____

_____

¿Sabes dónde nacieron y crecieron los padres de tu padre?

_____

_____

_____

_____

_____

# PADRES Y ABUELOS

¿Cuál es uno de los mejores consejos que te dio tu madre?

_____

_____

_____

_____

_____

_____

_____

_____

_____

_____

_____

_____

_____

# PADRES Y ABUELOS

¿Cuál es uno de los mejores consejos que te dio tu padre?

_____

_____

_____

_____

_____

_____

_____

_____

_____

_____

_____

_____

_____

_____

# PADRES Y ABUELOS

¿Conociste a tus bisabuelos de ambos lados de tu familia?
En caso afirmativo, ¿cómo eran?

_____

_____

_____

_____

_____

_____

_____

_____

_____

_____

_____

_____

_____

# PADRES Y ABUELOS

¿Qué otras personas tuvieron un papel importante en tu crecimiento?

_____

_____

_____

_____

_____

_____

_____

_____

_____

_____

_____

_____

_____

# TUS HERMANOS

¿Eres hijo único o tienes hermanos?

_____

¿Eres el mayor, el mediano o el más joven?

_____

Enumera los nombres de tus hermanos por orden de edad. Asegúrate de incluirte a ti mismo.

_____

_____

_____

_____

_____

¿Con cuál de tus hermanos estabas más unido mientras crecías?

_____

_____

¿Con cuál de sus hermanos estas más unido en tu edad adulta?

_____

_____

_____

# TUS HERMANOS

¿Cómo describirías a cada uno de tus hermanos cuando eran niños?

_____

_____

_____

_____

_____

_____

_____

¿Cómo describiría a cada uno de sus hermanos como adultos?

_____

_____

_____

_____

_____

_____

_____

# TUS HERMANOS

En las siguientes páginas, comparte algunos recuerdos favoritos de cada uno de tus hermanos. Si eres hijo único, no dudes en compartir recuerdos de amigos cercanos o primos.

_____

_____

_____

_____

_____

_____

_____

_____

_____

_____

_____

_____

# TUS HERMANOS

Recuerdos...

_____

_____

_____

_____

_____

_____

_____

_____

_____

_____

_____

_____

_____

_____

# TUS HERMANOS

Recuerdos...

# TUS HERMANOS

Recuerdos...

# SER Y CONVERTIRSE EN PADRE

¿Qué edad tenías cuando quisiste ser padre por primera vez?

_____

¿Qué edad tenías cuando fue padre?

_____

¿Quién fue la primera persona a la que le dijiste que ibas a ser padre?

_____

_____

_____

Describe su reacción.

_____

_____

_____

_____

_____

_____

_____

# SER Y CONVERTIRSE EN PADRE

¿Cuál era la longitud y el peso de tus hijos al nacer?

_____

_____

_____

_____

_____

¿Los nacimientos de tus hijos fueron tempranas, tardías o puntuales?

_____

_____

_____

¿Hay alguna canción o canciones especiales que cantaras o tocaras a tus hijos cuando eran pequeños?

_____

_____

_____

_____

# SER Y CONVERTIRSE EN PADRE

Mirando hacia atrás, ¿qué cambiaría de la forma en que fueron educados tus hijos, si es que hay algo que cambiar?

_____

_____

_____

_____

_____

_____

_____

_____

_____

_____

_____

_____

_____

# SER Y CONVERTIRSE EN PADRE

¿Cuáles son las mayores diferencias en la forma de educar fueron educados tus hijos, si es que hay algo que cambiar?

_____

_____

_____

_____

_____

_____

_____

_____

_____

_____

_____

_____

_____

_____

# SER Y CONVERTIRSE EN PADRE

¿Qué es lo mejor y lo más difícil de ser padre?

_____

_____

_____

_____

_____

_____

_____

_____

_____

_____

_____

_____

_____

_____

# SER Y CONVERTIRSE EN PADRE

Escribe sobre un recuerdo favorito de ser padre.

---

# SER Y CONVERTIRSE EN PADRE

Sabiendo lo que sabes ahora, ¿qué consejo te darías a ti mismo como padre primerizo?

_____

_____

_____

_____

_____

_____

_____

_____

_____

_____

_____

_____

_____

_____

_____

# SER Y CONVERTIRSE EN PADRE

Basándote en todo lo que has aprendido y experimentado, ¿qué consejo darías a tus hijos?

_____

_____

_____

_____

_____

_____

_____

_____

_____

_____

_____

_____

_____

_____

_____

# HABLEMOS DE TUS HIJOS

¿Cómo se habrían llamado tus hijos si hubieran nacido del sexo opuesto?

_____

_____

_____

_____

¿A quién se parecían más cuando eran bebés?

_____

_____

_____

_____

¿Cuáles fueron sus primeras palabras?

_____

_____

_____

_____

# HABLEMOS DE TUS HIJOS

¿Qué edad tenían cuando dieron sus primeros pasos?

_____

_____

_____

¿Alguno de tus hijos fue una "sorpresa"?

_____

_____

_____

¿Hay algún libro específico que recuerdes haber leído a tus hijos?

_____

_____

Cuando tus hijos eran pequeños, ¿qué truco utilizabas para calmarlos cuando se enfadaban?

_____

_____

_____

_____

_____

# HABLEMOS DE TUS HIJOS

¿En qué se parecen tus hijos a ti?

_____

_____

_____

_____

_____

_____

_____

_____

_____

_____

_____

_____

_____

# HABLEMOS DE TUS HIJOS

¿En qué se diferencian?

_____

_____

_____

_____

_____

_____

_____

_____

_____

_____

_____

_____

_____

_____

# TRIVIA DE PAPÁ

Si pudieras hacer cualquier cosa durante un día, ¿qué sería?

_____

_____

¿Cuál es tu estación favorita? ¿Qué cosas te gustan de esa época del año?

_____

_____

_____

¿Qué olor te recuerda a tu infancia? ¿Por qué?

_____

_____

_____

¿Cuál es la tarea doméstica que menos te gusta?

_____

_____

¿Qué es lo que haces mejor que los demás en la familia?

_____

_____

_____

# TRIVIA DE PAPÁ

¿Cuál es tu postre favorito?

_____

¿Cuál es tu recuerdo favorito de los últimos doce meses?

_____

_____

_____

_____

Si sólo pudieras comer tres cosas durante el próximo año
(sin que ello afectara a tu salud), ¿qué elegirías?

_____

_____

_____

¿Cuál es tu definición de éxito?

_____

_____

_____

_____

_____

# ESPIRITUALIDAD Y RELIGIÓN

¿Cuál cree que es el propósito de la vida?

_____

_____

_____

_____

_____

_____

_____

_____

¿Qué influye más en nuestra vida: el destino o el libre albedrío?

_____

_____

_____

_____

_____

_____

# ESPIRITUALIDAD Y RELIGIÓN

¿Eran tus padres religiosos cuando crecías? ¿Cómo expresaban sus creencias espirituales?

_____

_____

_____

_____

_____

_____

_____

_____

_____

_____

_____

_____

_____

_____

_____

_____

# ESPIRITUALIDAD Y RELIGIÓN

¿Cómo han cambiado tus creencias y prácticas espirituales o religiosas a lo largo de tu vida?

_____

_____

_____

_____

_____

_____

_____

_____

_____

_____

_____

_____

_____

_____

# ESPIRITUALIDAD Y RELIGIÓN

¿Qué prácticas religiosas o espirituales incorporas a tu vida diaria hoy en día, si es que hay alguna?

_____

_____

_____

_____

_____

_____

_____

¿Crees en los milagros? ¿Ha experimentado alguno?

_____

_____

_____

_____

_____

_____

_____

# ESPIRITUALIDAD Y RELIGIÓN

¿Qué haces cuando los tiempos son difíciles y necesitas encontrar más fuerza interior?

_____

_____

_____

_____

_____

_____

_____

_____

_____

_____

_____

_____

_____

_____

# ESPIRITUALIDAD Y RELIGIÓN

Escribe sobre una ocasión en la que hayas encontrado alivio al perdonar a alguien.

_____

_____

_____

_____

_____

_____

_____

_____

_____

_____

_____

_____

_____

_____

# AMOR Y ROMANCE

¿Crees en el amor a primera vista?

_____

_____

_____

¿Crees en las almas gemelas?

_____

_____

_____

¿Qué edad tenías cuando diste tu primer beso?

_____

¿Qué edad tenías cuando tuviste tu primera cita?

_____

¿Puede recordar con quién fue y qué hiciste?

_____

_____

_____

_____

_____

_____

# AMOR Y ROMANCE

¿Qué edad tenías cuando tuviste tu primera relación estable? ¿Con quién fue?

_____

¿Cuántas veces en tu vida has estado enamorado?

_____

_____

¿Cuáles son las cualidades más importantes de una relación exitosa?

_____

_____

_____

_____

_____

_____

_____

_____

_____

# AMOR Y ROMANCE

¿Te enamoraste de algún famoso cuando era joven?

_____

_____

_____

¿Has tenido alguna vez una relación con alguien que tus padres no aprobaban?

_____

_____

_____

¿Has escrito alguna vez a alguien o has hecho que alguien te escriba un poema o una canción de amor?

_____

Si la respuesta es afirmativa, escribe algunas líneas que puedas recordar.

_____

_____

_____

_____

_____

_____

# AMOR Y ROMANCE

¿De qué manera crees que la relación de tus padres ha influido en tu forma de enfocar el amor y el matrimonio?

_____

_____

_____

_____

_____

_____

Escribe sobre un momento romántico favorito.

_____

_____

_____

_____

_____

_____

_____

# AMOR Y ROMANCE

¿Cómo conociste a nuestra madre?

_____

_____

_____

_____

¿Cuál fue tu primera impresión de ella?

_____

_____

_____

_____

_____

¿Cuál es la historia de su propuesta?

_____

_____

_____

_____

_____

# AMOR Y ROMANCE

¿Cómo fue tu boda? ¿Dónde se celebró y quiénes estuvieron allí? ¿Alguna buena anécdota del día de la boda?

_____

_____

_____

_____

_____

_____

_____

_____

_____

_____

_____

_____

_____

_____

# VIAJE

¿Tienes un pasaporte válido?

_____

¿Qué opinas de los cruceros?

_____

_____

¿Qué te parece volar?

_____

¿Cuáles son algunos de tus lugares favoritos a los que has viajado?

_____

_____

_____

_____

_____

_____

_____

_____

_____

# VIAJE

¿Cuál es tu recuerdo de viaje favorito?

_____

_____

_____

_____

_____

_____

_____

_____

_____

_____

_____

_____

_____

_____

# LISTA DE DESEOS DE VIAJE

Enumera los 10 principales lugares que visitarías si el dinero y el tiempo no fueran una preocupación.

1. _____

_____

2. _____

_____

3. _____

_____

4. _____

_____

5. _____

_____

# LISTA DE DESEOS DE VIAJE

6. _____

_____

7. _____

_____

8. _____

_____

9. _____

_____

10. _____

_____

# TRIVIA DE PAPÁ

¿Qué título le pondrías a tu autobiografía?

_____

_____

¿Crees que podrías aprobar la parte escrita del examen de conducir sin estudiar?

_____

¿Cuál es tu color favorito?

_____

¿Cuál es tu cita favorita?

_____

_____

_____

¿Crees en la vida en otros planetas?

_____

Si pudieras viajar en el tiempo y tuvieras que elegir, ¿con quién te encontrarías: con tus antepasados o con tus descendientes?

_____

_____

_____

# TRIVIA DE PAPÁ

¿De qué logros personales estás más orgulloso?

_____

_____

_____

_____

_____

_____

¿Cuáles son las cinco cosas por las que estás agradecido?

_____

_____

_____

_____

Si te obligaran a cantar en un karaoke, ¿qué canción interpretarías?

_____

_____

_____

# ASUNTOS POLÍTICOS

¿Qué es lo que mejor describe tu opinión sobre las discusiones políticas?

- ☐ Preferiría no hacerlo.
- ☐ Prefiero tenerlas con personas cuyos puntos de vista coincidan con los míos.
- ☐ Me encanta un buen debate.

¿Qué edad tenías la primera vez que votaste?

_____

¿Cuáles son las mayores diferencias entre tus opiniones políticas actuales y las de cuando tenías veinte años?

_____

_____

_____

_____

_____

¿Has participado alguna vez en una marcha o boicot? ¿Qué cuestiones, si las hay, podrían motivarte a unirte a una?

_____

_____

_____

_____

_____

# ASUNTOS POLÍTICOS

¿Cuándo fue la última vez que votaste?

_____

_____

¿En qué sentido estás de acuerdo y en qué no con las opciones políticas de la generación de tus hijos?

_____

_____

_____

_____

_____

_____

Si te despertaras y se encontraras al mando del país, ¿cuáles son las tres primeras cosas que promulgarías o cambiarías?

Uno: _____

_____

Dos: _____

_____

Tres: _____

_____

# RECUERDOS DEPORTIVOS

Cuando eras niño, ¿pensaste alguna vez en ser un atleta profesional? ¿Qué deportes?

_____

_____

Cuando crecías, ¿cuál era tu deporte favorito? ¿Tenías un equipo favorito?

_____

_____

_____

_____

¿Quién es tu jugador favorito de todos los tiempos en cualquier deporte?

_____

_____

_____

Si el dinero no fuera un problema, ¿a qué evento deportivo te gustaría más asistir?

_____

_____

_____

# RECUERDOS DEPORTIVOS

¿Cuál fue el primer evento deportivo profesional al que asististe en persona?

_____

_____

_____

¿Cuál fue la derrota más aplastante que experimentaste jugando o viendo un evento deportivo?

_____

_____

_____

¿Hay algún acontecimiento deportivo que vieras de niño y que aún recuerdes vívidamente?

_____

_____

_____

¿Cuál es su película deportiva favorita?

_____

_____

_____

_____

# CINE, MÚSICA, TELEVISIÓN Y LIBROS

¿Qué película has visto el mayor número de veces?

_____

_____

_____

¿Qué película o programa de televisión recuerdas que te gustaba cuando eras niño?

_____

_____

_____

¿A quién elegirías para interpretarte a ti mismo en la película de tu vida? ¿Y para el resto de tu familia?

_____

_____

_____

_____

_____

_____

_____

# CINE, MÚSICA, TELEVISIÓN Y LIBROS

¿Cuáles son tus géneros musicales favoritos?

_____

_____

_____

_____

¿Qué décadas tuvieron la mejor música?

_____

_____

_____

_____

¿Cuál es el primer disco (o casete, cd, etc.) que recuerdas haber comprado o que te regalaron?

_____

_____

¿Qué canción te gusta hoy en día que haría que tu yo más joven se acobardara?

_____

_____

# CINE, MÚSICA, TELEVISIÓN Y LIBROS

¿Cuál es la canción de tu adolescencia que te recuerda un evento o momento especial?

_____

_____

_____

¿Qué canción elegirías tema de tu vida?

_____

_____

_____

¿Cuál fue el primer concierto al que asististe? ¿Dónde se celebró y cuándo?

_____

_____

¿Cómo ha cambiado tu gusto musical a lo largo de los años?

_____

_____

_____

_____

# CINE, MÚSICA, TELEVISIÓN Y LIBROS

¿Qué programa de televisión del pasado te gustaría que siguiera al aire?

_____

Si pudieras participar en cualquier programa de televisión o película, pasada o presente, ¿cuál elegirías?

_____

¿Cuáles son algunos de los libros favoritos de tu infancia y/o adolescencia?

_____

_____

_____

¿Qué libro o libros han influido mucho en tu forma de pensar, trabajar o vivir la vida?

_____

_____

_____

_____

_____

_____

# TOP DIEZ DE PELÍCULAS

Enumera hasta diez de tus películas favoritas:

1. _____

2. _____

3. _____

4. _____

5. _____

6. _____

7. _____

8. _____

9. _____

10. _____

# TOP DIEZ DE CANCIONES

Enumera hasta diez de tus canciones favoritas:

1. _____

2. _____

3. _____

4. _____

5. _____

6. _____

7. _____

8. _____

9. _____

10. _____

# TRIVIA DE PAPÁ

¿Cuál es tu festivo favorito y por qué?

_____

_____

_____

_____

¿Hay algo en el historial médico de tu familia que tus hijos deban conocer?

_____

_____

_____

_____

¿Qué período de diez años de tu vida ha sido tu favorito hasta ahora y por qué?

_____

_____

_____

_____

# TRIVIA DE PAPÁ

¿A quién invitarías si pudieras cenar con cinco personas cualesquiera que hayan vivido?

_____

_____

_____

_____

_____

¿Cuáles son algunos de tus libros favoritos?

_____

_____

_____

_____

_____

_____

_____

_____

# ESPACIO PARA MÁS

Las siguientes páginas son para que amplíes algunas de tus respuestas, para que compartas más recuerdos y/o para que escribas notas a tus seres queridos:

_____

_____

_____

_____

_____

_____

_____

_____

_____

_____

_____

_____

_____

_____

# ESPACIO PARA MÁS

# ESPACIO PARA MÁS

_____

_____

_____

_____

_____

_____

_____

_____

_____

_____

_____

_____

_____

# ESPACIO PARA MÁS

_____

_____

_____

_____

_____

_____

_____

_____

_____

_____

_____

_____

_____

# ESPACIO PARA MÁS

# ESPACIO PARA MÁS

_____

_____

_____

_____

_____

_____

_____

_____

_____

_____

_____

_____

_____

_____

# ESPACIO PARA MÁS

# ESPACIO PARA MÁS

# ESPACIO PARA MÁS

# ESPACIO PARA MÁS

# HEAR YOUR STORY BOOKS

En **Hear Your Story**, hemos creado una línea de libros centrada en ofrecer a cada uno de nosotros un lugar para contar la historia única de quiénes somos, dónde hemos estado y hacia dónde vamos.

Compartir y escuchar las historias de las personas que forman parte de nuestra vida crea una cercanía y una comprensión que, en última instancia, refuerza nuestros vínculos.

## Disponible en Amazon, en todas las librerías y en HearYourStoryBooks.com

- Papá, quiero oír tu historia: El diario guiado de un padre Para compartir su vida y su amor

- Mamá, quiero oír tu historia: El diario guiado de un padre Para compartir su vida y su amor

- Abuela, quiero escuchar su historia: Diario guiado de una abuela para compartir su vida y su amor

- Abuelo, Cuéntame Tu Historia: Diario Guiado de un Abuelo Para Compartir su Vida y Su Amor

- Dad, I Want to Hear Your Story: A Father's Guided Journal to Share His Life & His Love

- Mom, I Want to Hear Your Story: A Mother's Guided Journal to Share Her Life & Her Love

- Grandfather, I Want to Hear Your Story: A Grandfather's Guided Journal to Share His Life and His Love

# HEAR YOUR STORY BOOKS

- Grandmother, I Want to Hear Your Story: A Grandmother's Guided Journal to Share Her Life and Her Love

- You Choose to Be My Dad; I Want to Hear Your Story: A Guided Journal for Stepdads to Share Their Life Story

- Life Gave Me You; I Want to Hear Your Story: A Guided Journal for Stepmothers to Share Their Life Story

- To My Wonderful Aunt, I Want to Hear Your Story: A Guided Journal to Share Her Life and Her Love

- To My Uncle, I Want to Hear Your Story: A Guided Journal to Share His Life and His Love

- The Story of Expecting You: A Selfcare Pregnancy Guided Journal and Memory Book

- To My Boyfriend, I Want to Hear Your Story

- To My Girlfriend, I Want to Hear Your Story

- Getting to Know You: 201 Fun Questions to Deepen Your Relationship and Hear Each Other's Story

# DEDICACIÓN

A Tommie Louis Mason
Mi padre

Fuiste mi primer ejemplo, mi mentor de siempre.

Nos parecemos en el temperamento
y lo mismo en espíritu.
La lección de su vida fue
para vivir y amar con todo lo que soy,
para no rendirse nunca y encontrar siempre un
camino.

Lo más importante de todo,
me enseñaste a amar lo que soy
y siempre creo que me merezco *algo increíble*.

Gracias por tu amor, tu ejemplo y tu pasión por
descubrir lo que es posible.

Te quiero papá.

Dios mío, te echo de menos.

# Sobre el autor

Jeffrey Mason lleva más de veinte años trabajando con individuos, parejas y organizaciones para crear cambios, alcanzar objetivos y fortalecer las relaciones.

Parte de la base de que ser humano es difícil y que cada persona tiene una historia de vida increíble que compartir.

Se compromete ferozmente a ayudar a los demás a entender que el perdón es el mayor regalo que podemos hacer a los demás y a nosotros mismos. Y trata de recordar que, si bien tenemos la eternidad, no tenemos para siempre.

Te agradecería que ayudaras a la gente a encontrar sus libros dejando una reseña en Amazon. Tus comentarios también le ayudan a mejorar en esto que ama.

Puedes ponerte en contacto con él en HearYourStoryBooks.com o directamente en hello@jeffreymason.com. Le encantará saber de ti.

**Copyright © 2023 EYP Publishing, LLC,**
**Hear Your Story Books, & Jeffrey Mason**
Todos los derechos reservados. Ninguna parte de esta publicación puede ser reproducida, distribuida o transmitida en cualquier forma o por cualquier medio, incluyendo fotocopias, grabaciones, ordenadores u otros métodos electrónicos o mecánicos, sin el permiso previo por escrito del editor, excepto en el caso de breves citas incorporadas en reseñas críticas y algunos otros usos no comerciales permitidos por la ley de derechos de autor. Para solicitar el permiso, escriba al editor, dirigido a "Atención: Permissions Coordinator", a customerservice@eyppublishing.com.
ISBN: 979-8-649360-66-1

Made in the USA
Las Vegas, NV
28 November 2024

12342821R00059